Este libro está dedicado a mis hijos - Mikey, Kobe y Jojo.

Copyright © 2022 Grow Grit Press LLC. Todos los derechos reservados. Ninguna parte de este libro puede ser reproducida en ninguna forma sin el permiso por escrito de la editorial. Por favor, envíe solicitudes de pedido al por mayor a growgritpress@gmail.com Impreso y encuadernado en los Estados Unidos. NinjaLifeHacks.tv Tapa blanda ISBN: 978-1-63731-520-0 Tapa dura ISBN: 978-1-63731-521-7

Estaba tratando de arreglar mi robot, pero no estaba funcionando.

En la escuela al día siguiente, fui a la biblioteca. Rápidamente encontré a mi autor favorito, pero los libros estaban en un estante alto.

Pensé en conseguir un libro diferente. Pero si lo hacía, no sería capaz de leer lo que realmente quería, así que lo pensé de nuevo.

¿Y si uso un banquillo?

Miré a mi alrededor. Había un banquillo cerca.

¡Ajá!

Me dirigía a conseguirlo, pero luego consideré las consecuencias. *Es posible que no se me permita usarlo o que me caiga.* Entonces, pensé en una solución aún mejor.

¿Y si le pido ayuda a alguien?
Vi a una bibliotecaria al otro lado de la sala.

Más tarde, en clase, la maestra comenzó a hablarnos de la feria de ciencias. No sabía lo que iba a hacer. Empecé a preocuparme.

Pero luego pensé: ¿Y si pregunto a mi maestra si podría sugerir algunas ideas?

Mi maestra me miró por un momento. Luego dijo...

¡El recordar la pregunta, 'y si' podría ser tu arma secreta en el desarrollo de tu superpotencia de resolución de problemas!

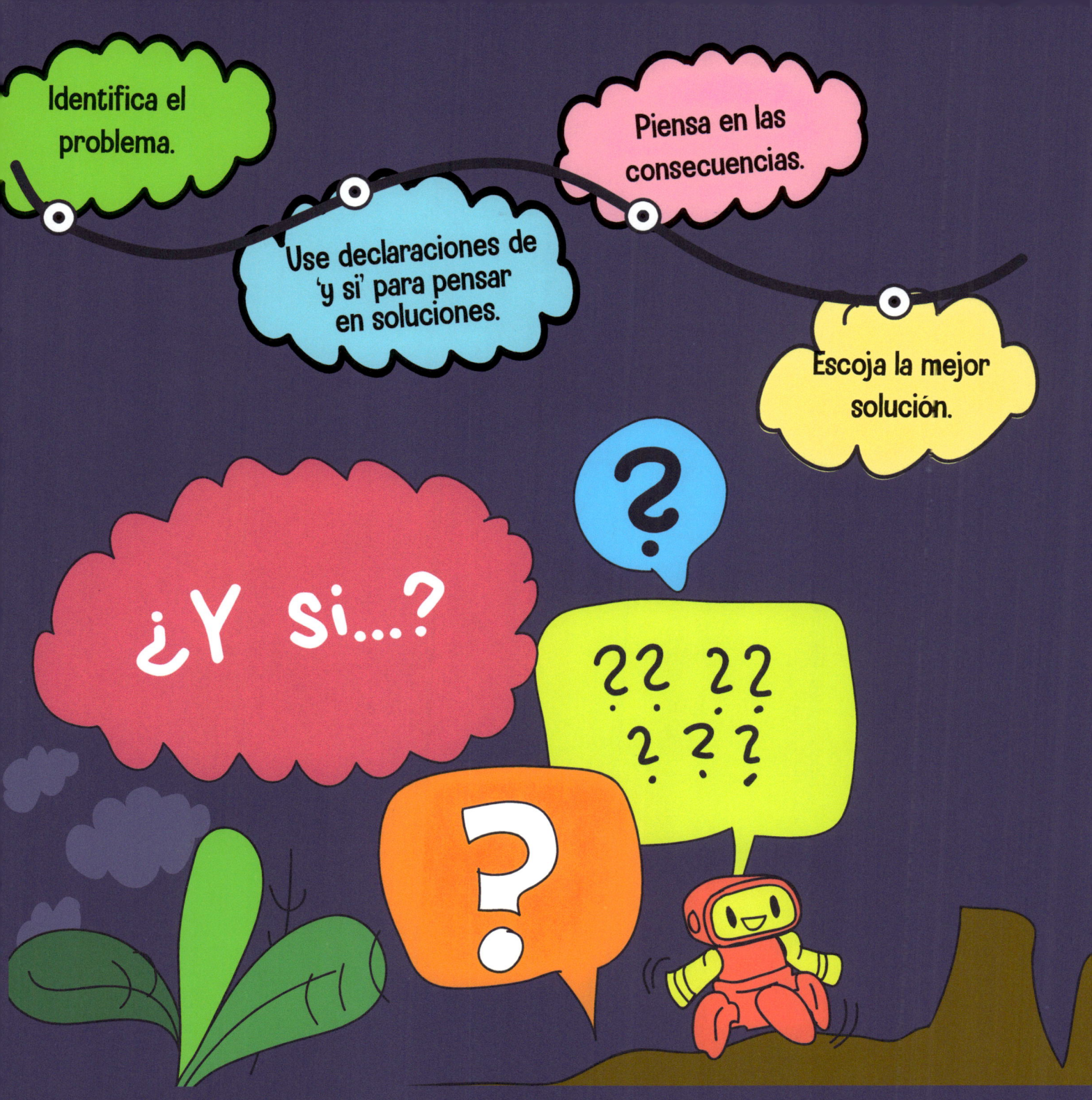

www.ingramcontent.com/pod-product-compliance
Lightning Source LLC
Chambersburg PA
CBHW041105070526
44583CB00002B/72